I0813901

Cometas

Grace Hansen

abdopublishing.com

Published by Abdo Kids, a division of ABDO, P.O. Box 398166, Minneapolis, Minnesota 55439.

Printed in China

102017

012018

Spanish Translator: Maria Puchol

Photo Credits: ESA, iStock, NASA, Science Source, Shutterstock

Production Contributors: Teddy Borth, Jennie Forsberg, Grace Hansen

Design Contributors: Dorothy Toth, Laura Mitchell

Publisher's Cataloging in Publication Data

Names: Hansen, Grace, author.

Title: Cometas / by Grace Hansen.

Other titles: Comets. Spanish

Description: Minneapolis, Minnesota : Abdo Kids, 2018. | Series: Nuestra galaxia | Includes online resources and index.

Identifiers: LCCN 2017946227 | ISBN 9781532106637 (lib.bdg.) | ISBN 9781532107733 (ebook)

Subjects: LCSH: Comets--Juvenile literature. | Solar system--Juvenile literature. | Spanish language materials--Juvenile literature.

Classification: DDC 523.44--dc23

LC record available at https://lccn.loc.gov/2017946227

Contenido

¿Cómo se formaron los cometas?

El **sistema solar** se formó hace 4,600 millones de años. Durante millones de años la gravedad unió polvo y gas. Así se creó el Sol.

Polvo y gas **orbitó** desde entonces alrededor del Sol. Chocaron entre sí y formaron masas de hielo, polvo y rocas. Muchas de estas masas se formaron lejos del calor del Sol. Algunas de estas lejanas masas se convirtieron en cometas.

El núcleo

Cada cometa tiene un **núcleo**. El núcleo está compuesto de hielo, polvo y gases congelados.

núcleo

Los **núcleos** varían en tamaño. Los más pequeños pueden ser del tamaño de una casa. ¡Los más grandes pueden llegar a medir 6 millas de lado a lado (9.7 km)!

Se clasifican en cometas de corto o largo período. Los cometas de período corto tardan menos de 200 años en completar su **órbita**. Provienen del cinturón de Kuiper y de la **nube dispersa**.

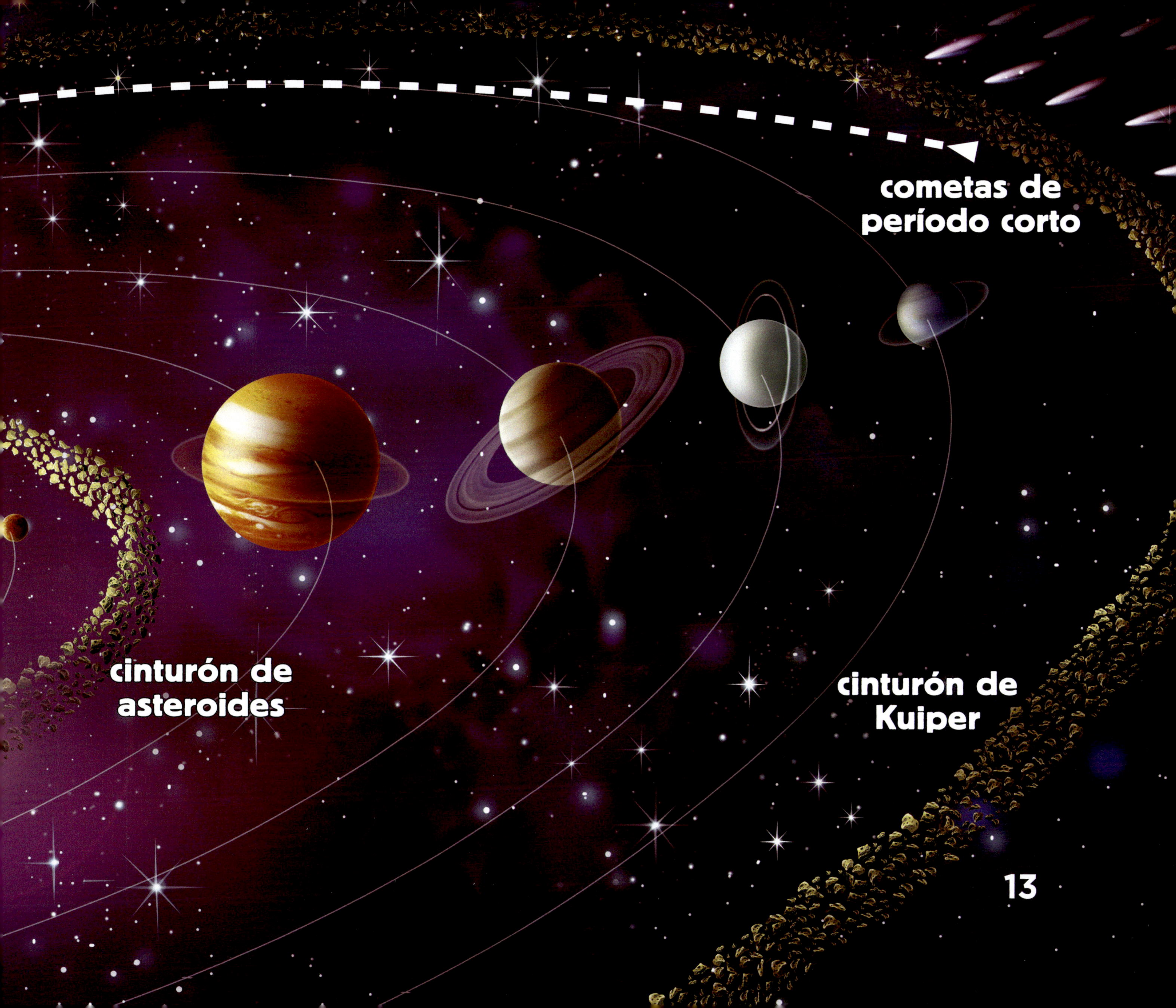
cometas de
período corto
cinturón de
asteroides
cinturón de
Kuiper

Los cometas de período largo tardan más de 200 años en completar su **órbita**. Provienen de la **nube de Oort**. Los dos tipos de cometas pasan cerca del Sol en algún momento de su órbita.

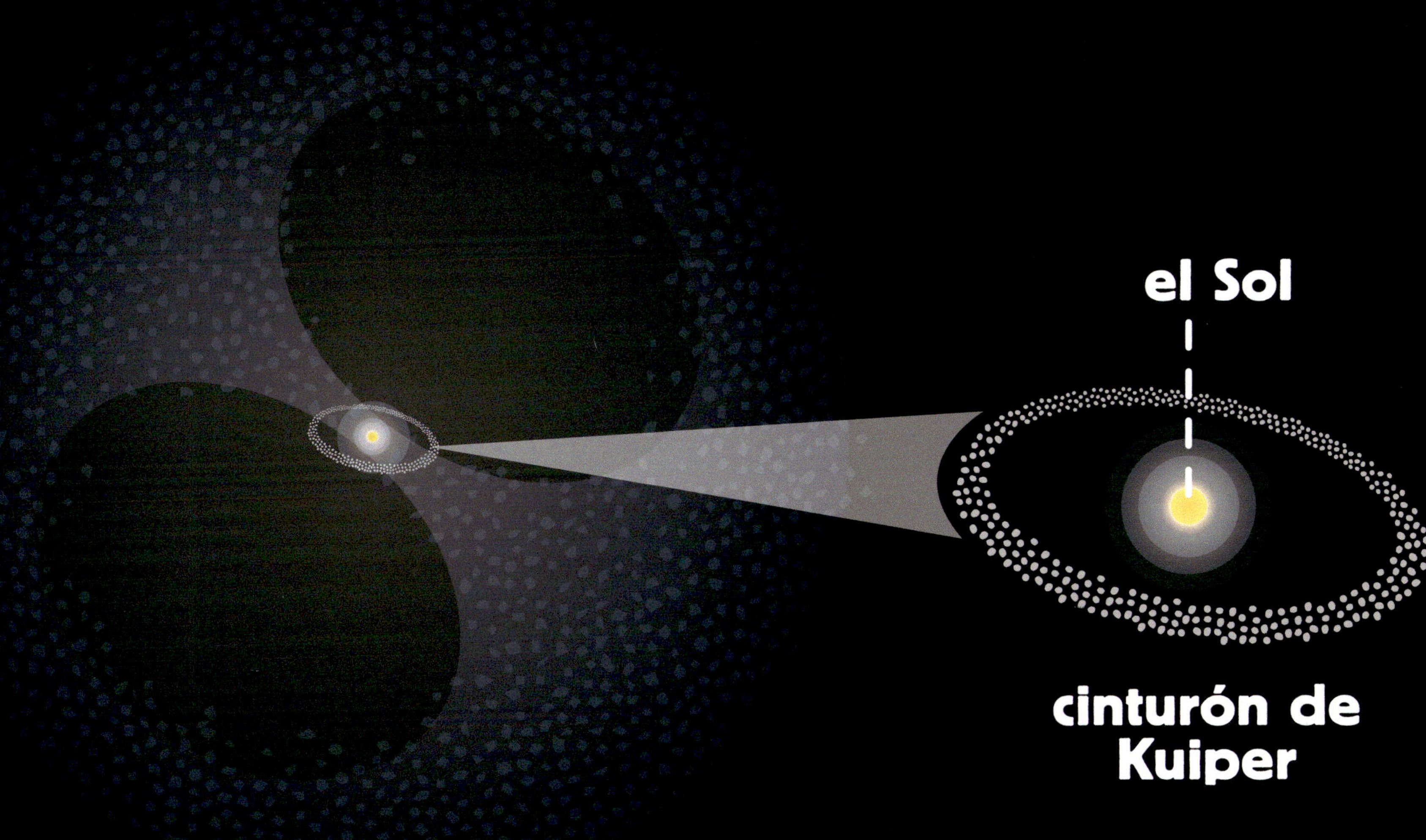
nube de Oort
el Sol
cinturón de
Kuiper

Comas y colas

Al acercarse un cometa al Sol su **núcleo** se calienta. Esto hace que el hielo se convierta en gas. Se crea una nube de polvo y gas que rodea al núcleo, lo que se conoce como la coma del cometa.

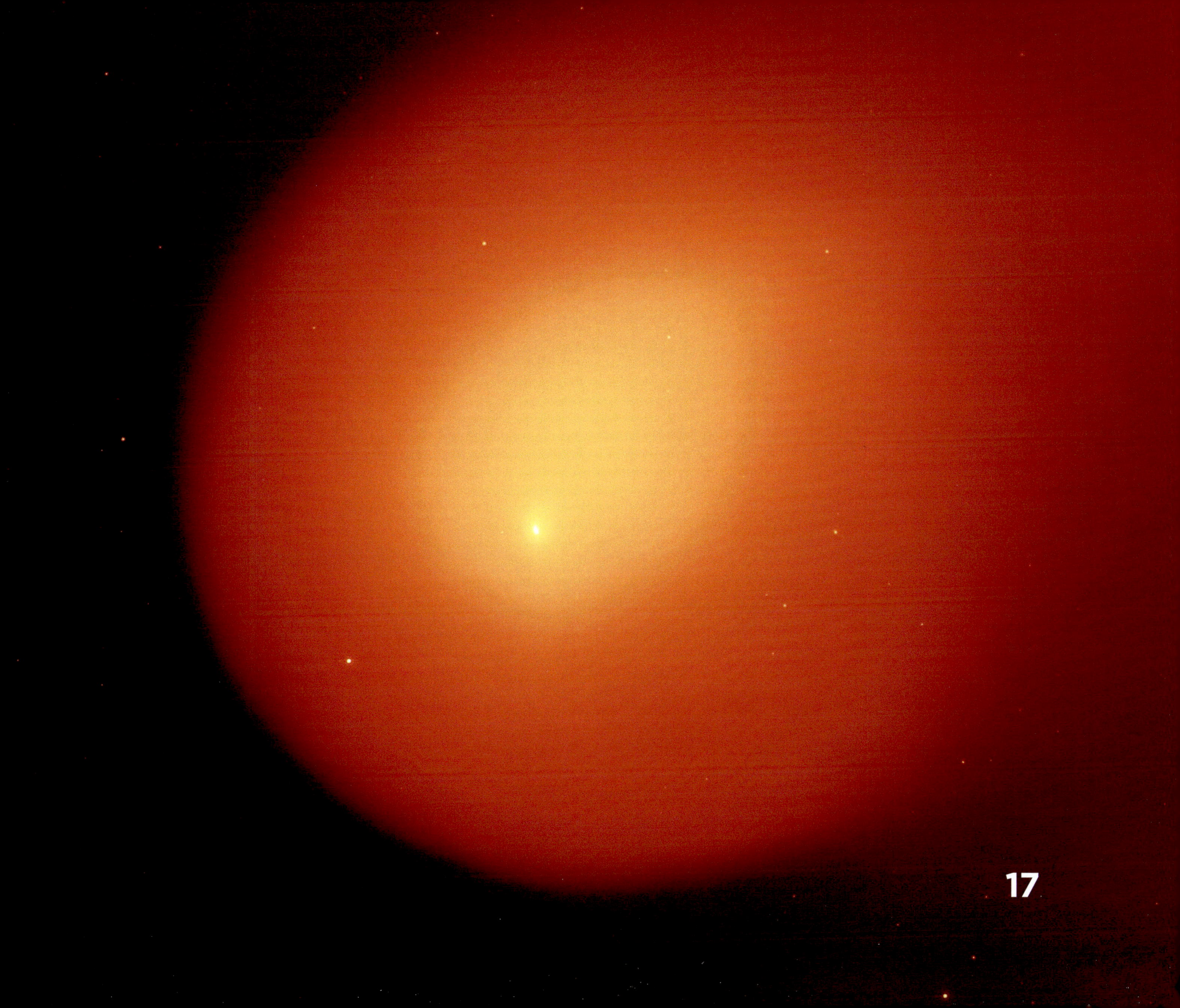

Esta coma se extiende por efecto del **viento solar** en contra de la dirección del Sol. Esto crea dos colas diferentes. Una de ellas formada por gas y la otra por polvo. ¡Las colas pueden extenderse millones de millas!

Los cometas y el Sol

La mayoría de los cometas **orbitan** lo suficientemente lejos del Sol de modo que no chocan. Unos se alejan del Sol, se enfrían y vuelven a ser rocas congeladas. ¡Otros se acercan tanto que se **evaporan** completamente o chocan contra el Sol!

Más datos

- Hay miles de millones de cometas en la **nube de Oort** y en el cinturón de Kuiper.

- Uno de los cometas más famosos ha sido el cometa Halley. Es un cometa de período corto, visible desde la Tierra cada 75 años. La próxima vez que pueda verse será en el año 2061.

- A veces los científicos se refieren a los cometas como *bolas de nieve sucias*.

Glosario

evaporar – cambiar de estado líquido o sólido a vapor.

nube de Oort – región del sistema solar mucho más allá de los planetas, donde miles de millones de cometas se mueven en órbitas casi circulares.

nube dispersa – área llena de cometas entre el cinturón de Kuiper y la nube de Oort.

núcleo – parte central y sólida de un cometa.

órbita – trayectoria curva de un planeta, luna u otro objeto espacial, que hace alrededor de otro cuerpo celeste más grande.

sistema solar – grupo de planetas y otros cuerpos celestes, agrupados en torno al Sol por su gravedad y por ello orbitan alrededor de él.

viento solar – flujo constante de partículas eléctricamente cargadas que se desprenden desde el Sol a gran velocidad.

Índice

¡Visita nuestra página **abdokids.com** y usa este código para tener acceso a juegos, manualidades, videos y mucho más!